QU'EST-CE QU'UN DÉMOCRATE?

QU'EST-CE QUE

UN DÉMOCRATE?

OU

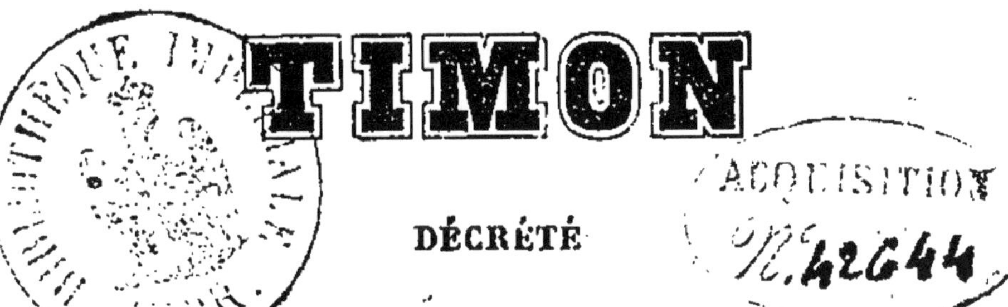

TIMON

DÉCRÉTÉ

D'ABSOLUTISME

(Par Cappot de Feuillide

PARIS
CHARLES WARÉE,
EDITEUR DE L'HISTOIRE DU PEUPLE DE PARIS,
rue de Richelieu, 48 bis.

1845

QU'EST-CE QU'UN DÉMOCRATE ?

Voilà bien les partis !

Tortues humaines, ils professent tous par quelqu'endroit le culte de la Borne et du Monopole, et prennent les bords de l'écaille dans laquelle ils se sont casematés pour l'horizon le plus lointain du monde.

Malheur à qui, ayant sorti la tête hors de son trou pour voir plus loin, prend la liberté grande de découvrir, devant ou derrière, à droite ou à gauche, mais à des points plus éloignés de la circonférence, ce que la myopie de son parti n'a point vu ou voulu voir, ou a vu autrement que lui !

D'un ton de componction aigre-douce, si ce n'est avec des dédains colères, enjolivés d'épithètes hurlant d'être accouplées ensemble, il lui sera crié :

— « Ah ! vous sortez de votre écaille, bonhomme ! Ah ! vous dites qu'au delà il y a plus d'air, plus d'espace et plus de liberté que dans les intérêts de notre domination future, nous n'en voulons ou n'en pouvons donner !.. Allez, allez, bonhomme, vous n'êtes point tortue ! Vous êtes...

Eh mon dieu ! tout justement ce que les tortues de la Démocratie viennent de dire à Timon, qu'il était :

Un absolutiste !

Timon, un absolutiste !!

Eh ! qu'est-ce donc qu'un démocrate ?

Depuis soixante ans bientôt, les hommes qui ont tenu école théorique ou pratique de Démocratie, se sont tellement niés, et après s'être niés, tellement épurés et décimés les uns les autres, qu'il est fort difficile de savoir où le démocrate commence et où il finit.

L'Assemblée constituante se crut démocrate, et la Convention lui prouva qu'elle était absolutiste ;

M. de la Fayette se croyait démocrate, mais après qu'il eût proclamé la loi martiale au Champ-de-Mars, le club des Jacobins lui prouva qu'il était absolutiste ;

Après avoir voté la mort de Louis XVI et la République, les Girondins se croyaient démocrates, la Montagne, pour leur prouver qu'ils étaient absolutistes, leur coupa le cou;

Le club des Cordeliers déclara absolutiste le club des Jacobins;

Les démocrates Danton et Camille Desmoulins furent des absolutistes pour le démocrate Robespierre, qui envoya leur tête au panier de Sanson;

La démocratie de la Convention fut mise hors la loi par la démocratie de la Commune;

Le démocrate Robespierre ayant proclamé l'Etre-Suprême, les démocrates de Thermidor firent guillotiner le démocrate Robespierre;

Le poignard de la jeunesse dorée de Fréron, se dit plus démocrate que la guillotine de la Montagne;

La démocratie du Directoire remplaça la démocratie de la Convention, et la démocratie du Consulat celle du Directoire, pour s'en aller mettre sur ses épaules les manteaux des comtes de l'Empire, et aux poches de ses habits brodés des clés de chambellan.

De nos jours, le mot Démocrate est passé dans la langue usuelle de la sociabilité et de la politique, et il est prononcé sans que nulle bouche fasse trop la grimace, mais aussi sans que nulle intelligence le trouve plus clair, sans que nul parti en abdique le monopole.

Le Centre n'est point un démocrate pour le centre gauche, ni celui-ci pour la Gauche, ni celle-ci pour l'extrême gauche;

Les *Débats* sont des absolutistes pour le *Siècle*, le *Siècle* pour le *National* et pour la *Réforme*;

Feu la *Tribune* niait la démocratie du

National, le *National* celle du *Bon Sens*, et le *National* à cette heure est nié par la *Réforme* qui, par dessus le marché, exclut Timon de son cénacle.

Timon un absolutiste ?

Eh ! qu'est-ce donc qu'un Démocrate ?

Eh ! si aucun des aspirants au monopole de ce mot indéfini, si la Convention, si le Directoire, si 1830, si Marat, Danton, Robespierre, Tallien, les *Débats*, le *Siècle*, le *National* et la *Réforme* n'avaient pas été et n'étaient pas des démocrates devant la logique et l'histoire ?

— Voilà qui serait plaisant !

Eh ! si, devant la logique et l'histoire, Robespierre, Danton, les *Débats*, le *Siècle*, le *National*, la *Réforme*, n'étaient au contraire que ce qu'ils ont dit à tant d'autres, qu'ils étaient des absolutistes plus ou moins prononcés ou déguisés, comme on voudra ?

Ne serait-ce pas encore fort plaisant ?

Eh ! si, toujours devant la logique et l'histoire, Danton, Robespierre, Tallien, 1830, les *Débats*, le *Siècle*, le *National* et la *Réforme* n'avaient été et n'étaient en fin de compte, les uns que des bourgeois qui voulaient prendre la place des aristocrates, et les autres que de petits bourgeois qui veulent la place de plus grands bourgeois ?

Ne serait-ce pas excessivement plaisant ?

Et si, pour en revenir à la cause première de ce pamphlet, Timon était plus démocrate que les *Débats*, le *Siècle*, le *National* et la *Réforme*, qui l'ont décrété d'absolutisme ?

Si dans l'Eglise qu'il a défendue, il y

avait plus de démocratie que dans toutes les lois civiles, révolutionnaires, bourgeoises, payennes, athées qui encombrent le chaos du Digeste, des cinq ou six Codes, du *Bulletin des Lois*, et qui prétendent mettre l'Eglise au rebut?

Plus de démocratie que dans toutes les théories philosophiques, économistes, socialistes, qui s'épuisent à se piller, à se nier, à se gourmer les unes les autres, sans trouver le principe et la formule applicables au développement simultané de l'homme et de la société, principe et formule qui se trouvent renfermés en un seul mot : Christianisme?

Si par ainsi, Timon chrétien, et ceux qui pensent comme lui étaient des démocrates, tandis que les *Débats*, le *Siècle*, le *National* et la *Réforme* et ceux qui pensent comme eux, ne sont que des bourgeois?

Enfin si, entre le chrétien et le bourgeois, entre Timon et les *Débats*, le *Siècle*, le *National* et la *Réforme*, il y avait tout juste l'abîme qui sépare le démocrate de l'absolutiste?

Ne serait-ce pas encore plus plaisant?

Donc, un peu de logique et d'histoire.

N'est-il point vrai, qu'au dire des démocrates, à tous les degrés de la théorie démocratique, la Démocratie est la formule la plus parfaite des sociétés humaines?

Et s'il en est ainsi, n'est-ce point parce que la Démocratie doit reposer sur la garantie et l'action des droits de tous et de chacun?

Exclure certaines classes de citoyens de ce concours et de cette action, soit par la violence des faits, soit par l'hypocrisie des lois, c'est donc de l'absolutisme ?

Ainsi, quand l'aristocratie excluait la bourgeoisie et le peuple, l'aristocratie était absolutiste.

Et la bourgeoisie, quand elle exclut l'aristocratie et le peuple, est-elle démocrate ?

Et le peuple, quand il exclura les nobles et les bourgeois, sera-t-il démocrate ?

Mais, dit-on, la Démocratie est précisément l'expression du nivellement des trois grandes classes de la société. — Très bien ! il n'y a plus que des classes laborieuses !

Si le riche qui fait travailler exclut le travailleur, il sera absolutiste.

Si c'est l'ouvrier qui exclut le riche par lequel et pour lequel il travaille, l'ouvrier sera-t-il démocrate ?

Si dans la société civile et politique le prêtre dit *racca* à l'avocat, au banquier et au juif, le prêtre sera absolutiste.

Si l'avocat, le banquier et le juif disent *racca* au prêtre, l'avocat, le banquier et le juif seront-ils démocrates ?

Lorsque les Droits-de-l'Homme eurent été proclamés, et que la Convention eût exclu de ces droits, l'homme-riche, l'homme-noble et l'homme-prêtre, les hommes de la Convention ont-ils été plus démocrates que ne l'avaient été l'homme riche et l'homme-noble, quand ceux-ci avaient exclu l'homme-pauvre et l'homme-roturier ?

Mais Timon a-t-il dit qu'il fallait que le noble exclut le bourgeois, le prêtre l'avocat, le chrétien le juif, les uns et les autres le peuple, ou que le peuple les exclut tous ?

Si, pour ne l'avoir point dit, Timon est un absolutiste ; ceux qui le disent sont donc des démocrates ?

Eh ! qu'est-ce donc qu'un Démocrate ?

N'est-il point vrai que si la domination exclusive de l'aristocratie s'est appelée absolutisme, la domination exclusive de la bourgeoisie ne peut pas s'appeler Démocratie ?

Démocratie non plus la domination exclusive du peuple ?

Donc, c'est le Droit-Commun seul qui s'appelle Démocratie.

Timon a-t-il dit le contraire ? Si pour ne l'avoir point dit il est absolutiste, ceux qui le disent sont donc des démocrates.

Eh ! qu'est-ce donc qu'un Démocrate ?

N'est-il point vrai que la Charte, plus démocrate dans son préambule que dans son texte, a dit cependant : Art. 1er. « Les

Français sont égaux devant la loi, quels que soient leurs titres et leur rang? »

Si un Français, ayant un titre et un rang, proclame l'inégalité de celui qui n'a ni titre ni rang, ce Français sera absolutiste.

Et si un Français, qui n'a ni titre ni rang, proclame l'inégalité de celui qui a titre ou rang, ce Français sera démocrate?...

N'est-il point vrai que cette même Charte, qui déclarait l'abolition à perpétuité de la censure, — témoin le rétablissement de la censure! — a dit aussi, article 7: « Les Français ont le droit de publier et de faire imprimer leurs opinions, en se conformant aux lois? »

Si un Français se sert de ce droit pour publier et faire imprimer son opinion sur un *Manuel ecclésiastique*, qu'il juge attentatoire à la religion, à la conscience, à la foi, mais que nulle des soixante dix mille lois ou ordonnances, qui forment les chaos du *Digeste*, des *Cinq Codes*, du *Moniteur* et du *Bulletin des Lois*, ne prend sous sa protection, avec inhibitions et défenses de le blâmer et de le censurer; ce Français sera un absolutiste.

Et si un Français se sert de ce même droit pour publier et faire imprimer son opinion, sur le *prêtre* qu'il calomnie, sur la *femme*, qu'il dégrade, et sur la *famille* qu'il dissout, au mépris des lois religieuses, civiles et sociales de tous les temps; ce Français là sera un démocrate?

Eh! qu'est-ce donc qu'un Démocrate?

N'est-il point vrai que les corps enseignants sont les seuls juges de l'orthodoxie des doctrines, prêchées, écrites, enseignées en leur nom, et dans les lieux qui en dépendent?

Si l'Université, qui a reçu de l'Etat le pouvoir d'enseigner, met à l'index un livre qui menace sa doctrine, l'auteur du livre, ou, à son défaut, pour lui complaire et emmaillotter son importance vaniteuse, le gouvernement citera-t-il l'Université en appel comme d'abus devant le Conseil-d'Etat?

Eh! les journaux crieraient à l'absolutisme!

L'Eglise qui a reçu du Christ le pouvoir d'enseigner, pouvoir reconnu par l'Etat, met à l'index un livre qui fausse sa doctrine; le gouvernement, pour plaire à l'auteur qui croit à son infaillibilité, cite l'Eglise en appel comme d'abus...

Et les journaux disent: C'est de la Démocratie!

L'Eglise n'interdit la lecture et l'enseignement que des livres et des doctrines qu'elle a condamnés : L'Eglise est absolutiste.

L'Université ne permet la lecture et l'enseignement que des livres et des doctrines qu'elle a frappés de son estampille : L'Université est démocrate.

Ceux qui défendent la douane, plus tolérante, plus large de l'Eglise, sont des absolutistes.

Ceux qui défendent la douane, plus intolérante, plus restrictive de l'Université, sont des démocrates.

Eh ! qu'est-ce donc qu'un Démocrate ?

N'est-il point vrai qu'en France, le Droit-Commun aussi pour tous les Français consiste à être jugés par leurs pairs, en ce qui touche aux affaires intérieures des états, professions, corporations, cultes, etc., légalement reconnus et hiérarchisés?

Les militaires n'ont-ils point pour juges les conseils de guerre?

Les marins, les conseils maritimes?

Les Pairs, la Chambre des Pairs?

Les Députés, la Chambre des députés?

Les négociants, les tribunaux de commerce?

Les magistrats, les chambres du conseil?

Les avocats, les conseils de discipline?

Les notaires, la chambre des notaires?

Les avoués, leur chambre?

Les huissiers, leur chambre?

Les étudiants, les conseils académiques?

Les agents de change, leur syndicat?

Les maîtres et les ouvriers, ne viennent-ils pas de recevoir leurs conseils de Prud'hommes?

Les juifs n'ont-ils point leurs synagogues?

Et les protestants leurs consistoires?

Si quelqu'un, par impossible, retrouvait dans les chartes, lois et constitutions, qui, par milliers, ont été culbutées les unes sur les autres, une charte, loi ou constitution par laquelle il eût été statué...

Ou bien si quelqu'un s'avisait d'affirmer qu'il faut bâcler une charte, loi ou constitution par laquelle il serait statué que

Les militaires,

Les marins,

Les Pairs,

Les députés,

Les négociants,

Les magistrats,

Les avocats,

Les notaires,

Les avoués,

Les huissiers,

Les agents de change,
Les maîtres,
Les ouvriers,
Les juifs,
Les protestants,
Ne seraient plus jugés par leurs pairs ;
Mais bien les militaires par les huissiers,
Les avocats par les marins,
Les magistrats par l'Université,
Les juifs par les protestants,
Ou si vous voulez, tous et chacun par un concile d'évêques?
Que diraient les militaires? ils crieraient!
Et les juifs? ils crieraient!
Et les magistrats? ils crieraient!
Et les avocats? ils crieraient, et plus haut que les autres!
Et tous ensemble ils diraient : c'est de l'absolutisme!

Timon a-t-il dit le contraire?

Il a trouvé que cela était bien.

Seulement, logicien comme il l'est, il a dit :

De même que les militaires sont jugés par des militaires, en ce qui concerne les affaires militaires ;

Les avocats par des avocats, et non par des évêques, en ce qui concerne la profession d'avocat ;

De même les évêques ne doivent pas être jugés par des militaires, des avocats, des professeurs, des protestants et des Juifs, en ce qui concerne le culte, le dogme et l'exercice des droits et des devoirs qu'ils tiennent de l'investiture apostolique.

Timon a donc tout simplement réclamé, pour le clergé catholique, le Droit-Commun des français ;

Et voilà qu'il est absolutiste?

Et les militaires, les avocats, les professeurs, les Juifs et les protestants, qui disent que le clergé catholique doit être tenu hors du droit commun, sont des démocrates?

Eh! qu'est-ce donc qu'un Démocrate?

N'est-il point vrai que la Démocratie étant l'action de tous et de chacun, résumée dans le mot droit-commun; la Démocratie ne peut avoir et n'a de garanties d'équilibre et de durée que dans l'indivisibilité et le fonctionnement simultané des trois principes d'Autorité, de Liberté et d'Égalité?

N'est-il point vrai que si un ou deux de ces trois principes fonctionnaient sans le troisième, ou celui-ci sans les deux autres, l'autorité sans la liberté serait le despotisme de quelques-uns sur tous?

La liberté sans l'autorité, le despotisme de tous sur quelques-uns?

Et que sans la liberté et l'autorité, l'égalité serait le monopole du progrès humain et social au profit des manchots, des aveugles et des culs-de-jatte?

Donc l'absolutiste n'est-il point l'homme qui tend un de ces trois principes jusqu'à ce que les deux autres, également nécessaires à la perpétuité de la société démocratique, soient étouffés?

Sans contredit, l'homme qui tendra le principe d'autorité jusqu'à tuer la liberté et l'égalité sera un absolutiste;

Mais l'homme qui tendra le principe de liberté jusqu'à ce qu'il ait fait sauter le principe d'autorité, sans lequel la liberté et l'égalité ne sauraient avoir de garantie et de protection ; cet homme-là sera-t-il un démocrate ?

Et l'homme qui tendra le principe d'égalité jusqu'à en faire un lien pour garrotter sur place la liberté de tous et de chacun, élément du progrès humain et social ; cet homme-là aussi sera-t-il un démocrate ?

Lorsqu'au nom de la liberté ils abattirent à coups de guillotine, comme étant l'usurpation d'un monopole, l'autorité qu'ils niaient et ceux qui l'affirmaient, et qu'ensuite, pour affirmer leur propre autorité, ils décimèrent, toujours à coups de guillotine, ceux qui, au nom de la liberté, les avaient niés comme n'étant que l'usurpation d'un autre monopole, les hommes de la Convention étaient-ils des démocrates ?

Ou bien seulement des absolutistes de liberté, arrivant aux mêmes conclusions que les absolutistes d'autorité qu'ils avaient remplacés ?

Lorsqu'au nom de l'égalité ces mêmes hommes transportèrent les biens de ceux qui possédaient à ceux qui ne possédaient pas, étaient-ils des démocrates ?

Ou bien des absolutistes qui, avec le mot égalité, déplaçaient seulement le fait de l'inégalité ?

Lorsque les *Débats*, le *Siècle* et les partis qu'ils représentent, retournent contre les classes populaires, pour en nier les droits, les paradoxes, avec lesquels l'aristocratie a si longtemps nié les droits de la bourgeoisie, sont-ils des démocrates ?

Ou bien seulement des absolutistes qui ont fait descendre au milieu, pour les y clouer comme un privilége, l'autorité, la liberté et l'égalité, que d'autres absolutistes avaient clouées au sommet ?

Et les hommes du *National* et de la *Réforme*, qui nient, au nom de la souveraineté populaire, le pouvoir constituant de 1830, et qui se tiennent prêts, le cas échéant, à imposer la forme préconçue de leur gouvernement, sont-ils des démocrates?

Ou bien des absolutistes qui, à leur tour, feront acte d'usurpation de la souveraineté constituante pour subordonner la liberté au maintien de leur domination et pour river le niveau de l'égalité aux intérêts de leur monopole ?

Et les Communistes qui, en prononçant sur la société l'égalité des bagnes, font, des travailleurs, autant de gardes-chiourmes ayant autorité pour contrôler le travail et le pécule, sont-ils des démocrates?

Ou bien des absolutistes qui, enchaînant le talent, l'activité et la force à l'ignorance, à la paresse et à l'impuissance, feraient de l'homme, de la production et du salaire une propriété de main-morte au profit de l'association?

Mais Timon a-t-il dit qu'il fallait que

l'Autorité jetât la Liberté et l'Égalité dans une basse fosse?

Ou bien que la Liberté fît disparaître l'Autorité sous son bonnet?

Ou bien encore que l'Égalité envoyât promener ses deux sœurs après les avoir garrottées comme deux momies d'Egypte?

Si, pour n'avoir point dit cela, Timon est un absolutiste, ceux qui le disent sont donc des démocrates?

Eh! qu'est-ce donc qu'un Démocrate?

N'est-il point vrai que pour passer de l'état spéculatif à l'état pratique et pour s'y maintenir, tout principe a besoin d'une sanction?

Que, sans la sanction, il n'y a point de dernier mot; sans le dernier mot, soumission; sans la soumission, unité, et sans l'unité, démocratie ?

Timon a-t-il dit le contraire ? et pourtant il est décrété d'absolutisme !

N'est-il point vrai que, au dire des démocrates, la Démocratie est la formule la plus parfaite des sociétés, parce qu'elle est l'expression de tous les droits de l'humanité?

Que ces droits sont immuables comme l'humanité elle-même? Que dès lors ils sont supérieurs à tous les droits passagers de temps, de lieu, de domination et d'individus ?

Timon a-t-il dit le contraire? et pourtant il est décrété d'absolutisme !

N'est-il point vrai que la sanction d'un principe doit être de même essence et nature que ce principe lui-même ; sous peine, le principe d'être absurde et faux, ou la sanction impuissante et moquée ?

Que dès lors, le principe démocratique

étant proclamé d'essence immuable et supérieure, il lui faut, sous les mêmes peines que dessus, une sanction d'essence immuable et supérieure?

Timon a-t-il dit le contraire? et pourtant il est décrété d'absolutisme!

Ceux qui disent que le principe démocratique n'a pas besoin de sanction, ou que les droits immuables de l'humanité peuvent avoir une sanction variable et subordonnée aux intérêts de temps, de lieu, de domination ou d'individus, ceux-là sont donc brévetés de démocratisme?

Eh! qu'est-ce donc qu'un Démocrate?

N'est-il point vrai que les plus malins législateurs et ergoteurs n'ont trouvé jamais pour sanction à leurs principes, sociétés ou gouvernements, que la Raison ou la Foi, la Loi ou la Conscience, le Bourreau ou Dieu?

Et qu'ainsi le principe, la société et le gouvernement démocratiques ne peuvent avoir d'autre sanction que la Raison ou la Foi, la Loi ou la Conscience, le Bourreau ou Dieu?

Premièrement. Sera-ce la Raison?

— Ah! vous dites que la Démocratie est la formule la plus parfaite des sociétés parce qu'elle est l'expression des droits de l'humanité!

Ah! ces droits sont immuables comme l'humanité elle-même, et pour sanction unique ou dernier mot, vous leur infligez la Raison?....

Mais la raison n'est pas l'immutabilité, la raison n'est pas la soumission, la raison n'est pas l'unité.

— Pourquoi êtes-vous autorité, vous plutôt que moi ou que tout autre?

Pourquoi ma liberté sera-t-elle subordonnée à la vôtre ou celle de tous à quelques-uns?

Et l'Égalité où la prendrez-vous?

— En haut?

— Et si je suis en bas?

— En bas?

— Et si je suis au milieu?

— Au milieu?

— Et si je suis en haut?

Votre raison affirme, la mienne nie; la vôtre vaut la mienne, la mienne vaut la vôtre.

Voilà comme parle la Raison.

Qui décidera?

Si nous appelons quelqu'un ou quelque chose à décider entre nous, la Raison n'est que la discussion, et la discussion l'anarchie!

La Raison ne peut donc pas être la sanction, le dernier mot du principe démocratique.

Il y a donc quelque chose au dessus de la Raison?

Et qu'a dit Timon?

Tout dialecticien disert et puissant qu'on le sait, Timon ne s'est point fait illusion sur la suprématie de la Raison, et il a dit tout simplement: « Au dessus de la Raison il y a la Foi. »

C'est que la foi est immuable, que la foi est l'affirmation, que l'affirmation est la soumission, la soumission l'unité, et l'unité la Démocratie!

Est-ce pour cela que Timon est décrété d'absolutisme?

Mais alors ceux qui ne veulent ni affirmation, ni soumission, ni unité, sont donc brévetés de démocratisme.

Eh! qu'est-ce donc qu'un Démocrate?

Deuxièmement. Si ce n'est pas la Raison, sera-ce la Loi?

— Ah ! vous dites que les droits de la Démocratie sont immuables comme ceux de l'humanité, qu'ils sont supérieurs à tous les intérêts de temps, de lieu, de domination et d'individus ; et pour sanction unique vous leur imposez la Loi ?

Mais la Loi c'est l'œuvre de la raison des hommes, variable comme elle, produit variable comme elle de leurs intérêts et de leurs passions d'un jour?

Elle a été selon les temps et les individus, féodale, monarchique, bourgeoise.

Le droit d'hier, ilotisme d'aujourd'hui, redevient sans cesse le droit de demain.

Quoiqu'elle fasse, la loi n'est que répressive.

Elle défend le crime, mais elle ne crée pas la vertu ! pour comble d'anarchie morale, tout ce qu'elle ne défend pas elle le permet.

Elle s'occupe du citoyen, mais que peut-elle pour l'homme ?

Rien !

Rien contre les pensées !

Rien contre l'inertie et les coupables omissions !

Rien contre les crimes qu'elle ignore ou qu'elle n'a point prévus !

Rien même contre la plupart des vices qui s'étalent au grand jour !

D'une action bornée dans le monde matériel elle est impuissante dans le monde moral ; et n'est-ce point l'anarchie dans celui-ci qui perpétue l'anarchie dans celui-là ?

Pour être loi, la loi n'a-t-elle pas elle-même besoin d'une sanction ?

La loi n'est donc pas immuable comme les droits de l'humanité. La loi ne peut donc pas être la sanction, le dernier mot du principe démocratique.

Il y a donc quelque chose au dessus de la Loi ?

Et qu'a dit Timon ?

Tout savant et habile légiste qu'on le sait, il ne s'est point fait illusion sur la suprématie de la Loi, et il a dit modestement : « Au dessus de la loi, il y a la Conscience. »

La Conscience est immuable comme l'humanité ;

Elle embrasse tout ensemble le citoyen et l'homme ;

Elle est à la fois préventive et répressive ;

Elle défend le crime et elle commande la vertu ;

Tout ce qui n'est pas crime devant la loi n'est point pour cela vertu devant elle ;

Ce que la loi ignore ou ne punit point, elle le voit et elle le punit ;

Elle procède ainsi à l'ordre matériel par

l'ordre moral; et l'ordre moral c'est l'unité, et l'unité c'est la Démocratie.

Est-ce donc pour cela que Timon a été décrété d'absolutisme?

Mais alors ceux qui ne veulent ni immutabilité de sanction pour des droits immuables, ni ordre moral, ni unité, sont donc brévetés de démocratisme?

Eh ! qu'est-ce donc qu'un Démocrate ?

Troisièmement. Si ce ne peut être ni la Raison, ni la Loi, sera-ce le Bourreau?

— Ah ! vous dites que les droits de la Démocratie sont d'essence immuable et supérieure, et vous les condamnez à la sanction du Bourreau ?

Mais le Bourreau est un instrument de

la sanction, et non la sanction elle-même : il l'applique, mais il ne la fait pas.

Produit variable de la loi, produit variable elle-même de la raison variable des hommes, s'il a tué hier pour les Césars, il tuera aujourd'hui pour l'Inquisition, pour la Convention demain.

Tuer n'est point soumettre : le corps tombe, l'idée survit.

Celui qui tue ne fait qu'une négation ; c'est celui qui meurt, qui fait l'affirmation : témoins le Christ et les martyrs !

Et qu'est-ce que la sanction d'un principe, sinon son affirmation !

Le Bourreau, qui n'est qu'une négation, ne peut donc être la sanction, le dernier mot du principe démocratique.

Il y a donc quelque chose au dessus du Bourreau ?

Et qu'a dit Timon ?

Tout logicien inflexible et rude qu'il se

montre, Timon, (et j'ai bien peur que ce ne soit là son crime) Timon a dit en toute humilité : « Au dessus du Bourreau, il y a Dieu! »

Sans doute parce qu'il lui a semblé que la Démocratie ne pouvait avoir pour sanction de son immuable unité, que l'unité immuable de celui qui a envoyé son fils au monde pour faire de l'Autorité, de la Liberté et de l'Égalité, la formule du progrès et du salut des sociétés humaines!

Serait-ce donc pour avoir mis la Foi, la Conscience et Dieu au dessus de la raison, de la loi et du bourreau, que Timon aurait été décrété d'absolutisme ?

Mais alors ceux qui ont fait et qui font du culte de la déesse-Raison et de la déesse-Loi le culte de la société, et du Bourreau la sanction et le dernier mot du progrès de l'humanité ; ceux-là ont donc été et sont brevetés de démocratisme ?

L'Inquisition qui faisait du bourreau la pierre angulaire de la religion n'a donc pas été absolutiste ?

Ou bien si elle l'a été, la Convention qui faisait du bourreau la pierre angulaire de la République, n'a pas été démocrate ?

Ou bien si la Convention a été démocrate, le Christ, les confesseurs, les martyrs, ont été des absolutistes, et les gentils, les préfets du prétoire et les Césars, des démocrates ?

Eh! qu'est-ce donc qu'un Démocrate ?

N'est-il point vrai qu'au dire des démocrates, la Démocratie est la formule la plus parfaite des sociétés humaines, parce qu'elle est le triomphe du droit sur la force, de l'esprit sur la matière, fer ou argent?

Que, dès lors, ce qui constitue l'ordre moral dans une société ne saurait être subordonné à ce qui constitue l'ordre matériel dans cette société, sous peine de voir se rétablir le triomphe de la force sur le droit, et de la matière fer ou argent sur l'esprit? Ce qui serait la fin de la Démocratie?

Qu'ainsi le Spirituel ou la Religion est à la société ce que l'ame est au corps, et l'État ou le Temporel ce que le corps est à l'ame?

Que si le corps doit dominer l'ame, le Paganisme avec ses esclaves, ses courtisanes, ses débauches sans nom, ses empereurs-dieux, sa déification de la chair et de la force, a été la formule la plus parfaite de l'humanité, et il faut y revenir?

Mais à ce compte, la Démocratie est une utopie de rêveurs et d'impuissants!

Que si, au contraire, c'est l'ame qui doit dominer le corps, le Christianisme, avec son émancipation de la race humaine, et sa réhabilitation de la femme par la suprématie de l'esprit sur la chair, du droit qui fait les égaux dans la liberté sur la force qui fait les esclaves et les maîtres, est la règle la plus parfaite de la vie de l'homme et de l'organisation des empires, et il faut le conserver ?

Et alors la Démocratie est le terme inévitable et providentiel promis à l'humanité par celui qui a dit : « Il n'y aura plus qu'un seul troupeau et qu'un seul pasteur ! »

Timon a-t-il dit le contraire ?

Et si pour n'avoir point dit qu'il fallait que le corps dominât l'ame, la force le droit, le temporel, le spirituel, c'est-à-dire qu'il fallait retourner à la société payenne, Timon est un absolutiste ; ceux qui le disent ou le pensent sont donc des démocrates ?

A ce compte, lorsque la *Réforme*, le *National* et les hommes qui pensent comme eux, lancent leurs foudres tribunitiennes contre ce débordement effronté d'intérêts matériels, qui éteint chez nous peu à peu ce vaste foyer d'honneur, de probité, de vertus, de patriotisme qui s'appelait la France et auquel venait se raviver la civilisation du monde; la *Réforme*, le *National*, et ceux qui s'indignent comme eux sont donc des absolutistes ?

Et à ce compte, au contraire, lorsque les *Débats*, la *Presse*, le *Siècle*, le *Constitutionnel* s'agenouillent devant le dieu Écu, comme étant le dernier mot du progrès humain et social, ces journaux et ceux qui s'agenouillent comme eux sont donc des démocrates?

Eh ! qu'est-ce donc qu'un Démocrate?

N'est-il point vrai qu'au dire des démocrates, la Démocratie est le dernier mot de la perfectibilité sociale, parce ce que la Démocratie est la formule sous laquelle la civilisation peut le plus accomplir dans les classes populaires son expansion par la moralisation, la liberté, la fraternité et le travail?

Eh bien! il y a des hommes qui ne sont rien, qui ne veulent rien être dans notre société civile et politique. Les uns ne sont pas gentilshommes le moins du monde, les autres ont des quartiers de noblesse par dixaine; les uns comptent leurs revenus par centaines de mille francs, les autres à peine par milliers; et pourtant ces hommes se sont associés aussi naturellement que si tous étaient nobles ou tous roturiers, et que tous fussent millionnaires; et ils se sont partagé ainsi la société humaine :

Ceux-ci se lèvent avec le jour et vont

surprendre la misère honteuse derrière les débris les moins conservés d'un luxe qui n'est plus ;

Ceux-là, comme d'humbles *sœurs de charité* dont la reconnaissance du pauvre leur donne le nom, s'en vont de sixième étage en sixième étage, de méphitisme en méphitisme, vider incessamment leurs poches pleines de petites cartes imprimées, papier monnaie de la charité, que ceux qui ont faim, ceux qui sont nus, ceux qui ont froid, ceux qui souffrent, ceux qui couchent sur la paille pêle-mêle comme des Bohémiens, échangent à vue contre du pain et de la viande, contre des vêtements et des chaussures, contre du bois, contre des remèdes, contre autant de matelas et de couvertures qu'il y a de frères et de sœurs dans une famille !

Les uns s'en vont dans des échoppes,

dans des ateliers, dans des greniers et des basses fosses, où le travail s'exerce sur des industries sans nom, et là ils entament le dialogue suivant avec les *chiffonniers* dont les dédains de la bourgeoisie officielle les disent les *rois* :

— Votre métier est misérable, n'en voulez-vous point donner un autre à ces pauvres créatures qui sont vos enfants ?

— L'enfant ne sait ni lire ni écrire.

— Voici une carte qui paiera l'école.

— Et dans quoi lira-t-il ?

— Voici une carte qui paiera son alphabet et son catéchisme.

— Et après ?

— En faisant son apprentissage d'homme et de chrétien, il fera son apprentissage d'un état.

— Et après ?

— Quand il aura fait son apprentissage, nous lui trouverons un atelier !

— Et jusques là l'enfant ne nous rapportera rien ; maintenant il nous rapporte.

— C'est juste, chaque jour d'école, de catéchisme et d'apprentissage vous sera payé ; voici le premier mois.

Il en est d'autres enfin qui se sont épouvantés des désespoirs que le chômage enfantait dans les classes ouvrières, et ils ont dit aux ouvriers inoccupés :

« Quand vous n'aurez pas de travail, venez à nous ; par nous-mêmes ou par nos amis, nous vous en trouverons ! nous ne vous demanderons jamais qu'une chose : c'est d'être et de rester honnêtes gens. »

Pour les hommes qui disent et font ces choses et bien d'autres encore de même nature, la charité qui agit est la véritable voie de la moralisation ;

Mais ils croient à la suprématie du Droit, de l'Ame, de la Foi, de la Conscience, de Dieu.

En revanche, ils ne croient ni à Fourier, ni à St-Simon, ni à la Convention, ni à l'Argent, ni au Bourreau, ni aux *Débats*, ni à la *Réforme*, ni au *Siècle*, ni au *National*, ni à la suprématie de la Raison et de la Loi :

On les appelle des absolutistes!...

Ces hommes là des absolutistes?...

Eh! qu'est-ce donc qu'un Démocrate?

Il y a eu — pour ne parler que d'hier — des hommes qui, maîtres de la société civile et politique, ont procédé à la régénération de la société humaine elle-même par la négation de l'âme, de la foi, de la conscience et de Dieu.

Voici ce qu'ils ont fait pour le principe

démocratique de la moralisation, de la liberté, de la fraternité et du travail :

Ils ont créé des expédients ruineux qui se sont appelés les assignats, l'agiotage, l'emprunt forcé, le maximum qui, né de la disette, rendait la disette plus grande ;

Pour toute moralisation, toute éducation, toute conditions meilleures de travail, ils ont jeté les classes populaires dans le désordre, en leur offrant pour prime le pillage, et dans les clubs, en votant deux francs par jour à qui en formerait l'assistance.

Ils leur ont dégradé l'intelligence, en les initiant à la célébration des saturnales dérisoires qui, sous l'invocation de la déesse Raison, laissaient bien loin la Fête-des-Fous au moyen âge.

Ils leur ont enlevé tout instinct humain, en les poussant dans ces égorgements en masse et en détail, qui avaient été la honte des temps de barbarie; tout sens moral, en les atelant au char révolutionnaire, dont, suivant l'énergique expression de l'un d'eux, ils avaient graissé les roues avec du sang; et en faisant, suivant l'expression d'un autre, de la Liberté et de la Fraternité non pas deux sœurs qui s'embrassent, mais deux tigres qui s'entre-déchirent.

Mais, ces hommes là affirmaient la suprématie de la Raison, de la Loi et du Bourreau.

Ils ont été appelés démocrates!...

Ces hommes-là des démocrates!...

Eh! qu'est-ce donc qu'un Démocrate?

De nos jours, il y a des femmes, riches, jeunes, belles, qui ont pris au sérieux la moralisation et la fraternité par la charité.

Elles sont de toutes les associations de bienfaisance, publique ou privée, et elles travaillent, comme de simples ouvrières, à confectionner des chemises, des vêtements et des tricots, qu'elles distribuent elles-mêmes aux pauvres qui n'en ont pas.

Mais ces femmes croient à la suprématie de la Foi, de la Conscience et de Dieu.....

Ce sont des absolutistes!

Il y a eu — encore pour ne parler que d'hier — des femmes qui s'en allaient avec leur travail dans les tribunes des Clubs, de la Convention et des tribunaux révolutionnaires.

L'inexorable histoire nous a dit à quelle besogne de fureur et de haîne elles se livraient, en tricotant des jupes et des bas.

Mais ces femmes adoraient la Raison, vociféraient la Loi et applaudissaient le Bourreau...

Ce sont des démocrates!

Il y a eu un homme qui s'en est allé, sa vie durant, par les campagnes et par les grandes villes pour ramasser et emporter dans les plis de son manteau les enfants des autres que la misère, la honte ou le crime jetaient tout nus dans les fossés ou au coin des bornes.

Cet homme s'est appelé Vincent de Paul.

Mais cet homme affirmait la suprématie de la Foi, de la Conscience et de Dieu; d'ailleurs il était prêtre...

C'est un absolutiste!

Il y a eu — toujours pour ne parler que d'hier — un homme qui a envoyé ses propres enfants à l'hospice que ce prêtre avait fondé pour les enfants-trouvés.

Cet homme s'est appelé J.-J. Rousseau.

Mais il affirmait la suprématie de la Raison, contre la foi, contre la conscience et contre Dieu; cet homme était un philosophe...

C'est un démocrate!

Eh! qu'est-ce donc qu'un Démocràte?

Enfin, s'il avait existé, et si malgré les dissidences, les idées, les faits qui en ont toujours poursuivi et en poursuivent encore la destruction totale ou partielle, violente ou hypocrite, il existait, depuis dix-huit siècles, une doctrine, une société, un gouvernement, qui eussent proclamé, réalisé, maintenu l'émancipation de la race et de la société humaine, par l'autorité, par la liberté, par l'égalité, par le travail, par la moralisation, par la fraternité, par la suprématie de la foi, de la conscience et de Dieu?

N'est-il point vrai que cette doctrine, cette société, ce gouvernement seraient encore l'expression la plus complète de la Démocratie?

N'est-il point vrai que cette doctrine s'est appelée l'Evangile? cette société la société chrétienne? ce gouvernement l'Eglise? et que cette doctrine, cette société, ce gouvernement se résument en un seul mot: Christianisme?

Sans le Christianisme, l'humanité ne serait-elle point coupée encore, par la domination de la force et de l'argent, en maîtres et en esclaves?

Sans le Christianisme, le monde ne serait-il pas resté un impur marché de courtisanes et d'esclaves, exploité par une civilisation avilie, ou un champ de fumier et de boue pétri par des Barbares?

Sans le Christianisme, la Gaule devenue la France aurait-elle une unité territoriale, une unité politique, une unité nationale, ce rêve impuissant de tant de siècles antérieurs de guerres et d'exterminations?

Sans l'Eglise, existerait-il un peuple?

Au milieu des désordres, des violences, des pestes, des famines d'invasions innombrables, où l'esclave aurait-il trouvé un asile contre la cruauté du maître?

Où aurait-il reçu la liberté, sans l'Église?

Où l'affranchi aurait-il préservé la sienne, sans l'Église?

Où l'homme et le possesseur libres auraient-ils eu protection pour leur personne et pour leurs biens, sans l'Église?

Où les pauvres auraient-ils obtenu du pain, et les malades la santé, sans l'Église?

Où riches et pauvres, maîtres et ouvriers

auraient-ils trouvé une patrie, sans l'Eglise qui donnait à tous ce que donne une patrie : du pain, des affections, une famille et des droits?

Sans l'Eglise, qui fit de ses institutions, des cloîtres de ses abbayes, des chapitres de ses cathédrales un asile sacré où elle les emporta pour les conserver et les répandre, que seraient devenus :

L'autorité qui est l'ordre,

La liberté qui est le droit,

L'égalité qui est la démocratie,

Le travail qui est la vie,

La fraternité qui est l'humanité,

Et l'instruction, la science, l'art, l'industrie, l'agriculture qui sont la civilisation?

Sans l'Eglise, existerait-il une bourgeoisie?

N'est-ce point l'Eglise qui, couvrant de son aile contre le principe et le fait de la force, les classes populaires plongées dans l'ignorance et la servitude, leur a, par son exemple, donné des idées et des habitudes d'ordre, de prévoyance, d'administration et de résistance, au nom de droits, immuables comme le Dieu même au nom de qui elle les enseignait?

L'Eglise n'a-t-elle pas été le berceau de la paroisse?

La paroisse celui de la commune?

La commune celui des assemblées de la nation?

Et tout cela, n'était-ce point la liberté, la bourgeoisie?

Sans l'Eglise, que serait devenu le principe d'égalité, dernier mot des démocrates les plus avancés?

N'est-ce point l'Eglise qui, proclamant par la voix du pape Léon Ier : « Que celui qui doit régner sur tous soit élu par tous,» n'a reconnu d'autres chefs, à tous les hauts degrés de sa hiérarchie régulière ou séculière, que ceux qui étaient le produit de l'élection libre des pauvres comme des riches, des maîtres comme des serviteurs, des seigneurs comme des bourgeois, des bourgeois comme des prolétaires, ne formant qu'un seul et même peuple !

Et dans cette grande charte du Christianisme formulée ainsi : *Vox populi, vox Dei*, n'y avait-il pas le fonctionnement et l'indivisibilité de l'autorité, de la liberté et de l'égalité ?

La liberté et l'égalité dans ceux qui élisent !

L'autorité dans celui qui est élu et qui fils de serf, d'ouvrier, de pauvre, commandait, au nom de tous, à l'homme libre, aux maîtres, aux riches et aux rois ?

Sans l'Eglise enfin, que seraient devenues la moralisation et la fraternité humaines ?

Mais à quoi bon? ceci est un fait qui ne se démontre pas : il est comme le soleil est !

Et parce que Timon aura défendu une doctrine, une société et un gouvernement, qui portent si complètement en eux la formule de tous les principes, de tous les droits et de tous les faits de la Démocratie, que les démocrates les plus avancé n'ont pu encore en inventer une autre..... Timon sera décrété d'absolutisme ?

Et les hommes qui auront attaqué une doctrine, une société, un gouvernement, formulant en eux les principes, les droits et les faits de la Démocratie, seront des démocrates?

Eh! qu'est-ce donc qu'un Démocrate?

Que conclure des prémisses logiques et historiques que nous avons posées ?

Le voici :

Dieu a fait de la vie un combat dont la récompense n'est pas sur la terre ; et il a livré le monde aux disputes des hommes, et aux antiphrases d'idées et de mots.

Aux hommes qui l'ont décrété d'absolutisme, et qui se brévètent de démocratisme, Timon peut donc répondre, avec une légère variante, comme le personnage d'une comédie de Molière :

Vous donnez bravement vos qualités aux autres.....

Toutefois, il y a plus conciliant et plus concluant que cela.

Le mot Démocrate ne se doit pas entendre seulement dans le sens étroit de formule politique ; mais dans le sens plus large de formule humaine.

Ainsi il y aura l'homme et le citoyen, la

société et l'État; l'homme-démocrate, et le citoyen-démocrate ; en termes plus vrais, le démocrate-chrétien et le démocrate politique.

D'où il suit, que le citoyen, breveté de démocratisme peut n'être en réalité qu'un homme parfaitement absolutiste, tandis qu'un citoyen décrété d'absolutisme peut être un homme parfaitement démocrate.

Reste à savoir qui, au point de vue des progrès de la civilisation, est le plus intelligent, le plus moralisateur et le plus utile, de la société ou de l'État, de l'homme ou du citoyen, du chrétien ou du politique?

A qui en définitive, la civilisation décernera le titre de démocrate, à qui le titre d'absolutiste?

Pour le savoir, il n'y a qu'à interroger les pauvres, les travailleurs, le peuple que le démocrate-chrétien évangélise au nom de Dieu, avec du pain, des vêtements, du travail, de bonnes paroles et des enseignements qui ne séparent pas leurs droits de leurs devoirs; et que le démocrate-politique révolutionne au nom de ses intérêts d'orgueil, de fortune et de domination, avec des idées et des mots qui les poussent dans la rue, où il les abandonne quand le canon se fait entendre, et où, après son triomphe, il les fait mitrailler pour son propre compte, s'il les y retrouve attendant pour part de victoire, la mise en œuvre de ces idées et de ces mots qui exprimaient moins de devoirs que de droits.

FIN.

PARIS. — IMPRIMERIE DE LACOUR ET Cie.
rue St-Hyacinthe-St-Michel, 33.

www.ingramcontent.com/pod-product-compliance
Ingram Content Group UK Ltd.
Pitfield, Milton Keynes, MK11 3LW, UK
UKHW020330220726
13923UKWH00003B/1482

9 782019 646165